# L'EUROPE SAUVÉE

## PAR LES ANGLAIS,

### EN 1814 COMME EN 1798,

OU

## POINT DE RÉPUBLIQUE OU POINT DE ROIS,

VOILA COMME LA PAIX DOIT UN JOUR SE FAIRE.

*Audite, ô Reges! et nunc intelligite.* (LIB. SAP.)

SORTE DE FACTUM ou de POLYSYNODIE politique, dont une simple copie, adressée aux divers Cabinets de l'Europe et aux Avocats-Rois-Gouverneurs de la République française, en l'an 7, excita les plus vives recherches à Paris et sur les bords de la Dive.

## DÉDIÉ AUX PLÉNIPOTENTIAIRES DE L'EUROPE

AU FUTUR CONGRÈS.

## PAR L... G... G... D. M. D. S,

EX-DÉPUTÉ A LA PREMIÈRE LÉGISLATURE DE FRANCE.

*Id esse regni maximum pignus putant,*
*Si quidquid aliis non licet, solis licet.* (SENEC.)

A PARIS,

CHEZ ROSA, LIBRAIRE, PALAIS-ROYAL,

SECONDE COUR, AU CABINET LITTÉRAIRE.

SEPTEMBRE 1814.

# L'EUROPE SAUVÉE

## PAR LES ANGLAIS

### EN 1814 COMME EN 1798.

---

## AVERTISSEMENT.

Les Anglais, depuis le retour de Louis XVIII en France, se proclament fastueusement les sauveurs de l'Europe;

Et l'Europe ne se doute nullement de devoir à ces insulaires son salut !

Et l'Europe sauvée du despotisme stratocratique le plus épouvantable, en redoute un autre non moins odieux !

Et vraiment on ne sait encore ni qui vit ni qui meurt en Europe !

Et eux-mêmes, les Anglais, ne savent trop encore aujourd'hui s'ils se sont bien sauvés !

Et les Anglais eux-mêmes ne sont pas enfin sans crainte !

Il faut donc une foi bien robuste pour croire que, parce qu'ils s'en vantent, les Anglais aient sauvé l'Europe ? ou pour ne pas croire, s'ils l'eussent sauvée d'un pareil despostisme, qu'ils ne l'auraient sauvée que pour mieux la tenir et l'écraser sous le leur ?

Hommes de peu de foi, qui ne croyons absolument que ce que nous voyons, que ce que nous sentons !

Nous pensons qu'on peut et qu'on doit contester aux Anglais l'honneur d'avoir sauvé l'Europe : et tel est le but de cet avertissement et du mémoire qui le suit ; et nous espérons que le lecteur, quelque aveuglé ou prévenu qu'il puisse être, après les avoir parcourus, pensera comme nous.

Pour démontrer que les Anglais n'ont pas plus sauvé l'Europe en 1814 qu'en 1798, nous ne dirons point, comme on le débite partout en Europe, qu'il est certain :

Que l'Angleterre, dès 1789, s'empara de la révolution française pour la diriger à son gré, la faire tourner à son profit en bouléversant la France, afin de la mettre hors d'état de pouvoir jamais lui disputer l'empire des mers ;

Qu'elle inonda la France d'agents chargés à tout prix d'y semer le trouble, la confusion, et d'y attiser le feu de la discorde et de l'anarchie ;

Qu'elle ne cessa, pendant toute la révolution, d'exciter, d'irriter, d'enflammer les deux

partis, de pousser, d'exalter les révolutionnaires, et de s'amuser à jouer avec eux, et avec
tous les brouillons et boute-feux du continent,
au point qu'en 1792 on ne se reconnaissait déjà
plus en Europe;

Qu'elle trompa, trahit et sacrifia la plupart de ceux qu'elle sembla protéger, et ne
leur fit du bien que dans l'espoir de faire plus
de mal;

Qu'elle ne fut étrangère à aucune des catas-
trophes qui désolèrent la France et d'autres
Etats de l'Europe;

Que son influence se fit même particulière-
ment sentir dans celles où un peuple généreux
et confiant devait moins s'attendre de la rencontrer, dans celles qui amenèrent la chute du
plus ancien trône du monde, celui de Saint
Louis, et le martyre du meilleur des souverains, événement douloureux! que la France
n'eût sans doute, dit l'Europe, jamais eu à dé-
plorer, si son éternelle et implacable ennemie,
pressée de l'horrible besoin de se soulager sur
le meilleur des peuples, de l'infamie d'un pareil
forfait, qu'elle avait elle-même à se reprocher
d'avoir commis sur un de ses rois, n'eût eu celle
d'ériger au milieu de ce peuple si renommé par
son amour pour ses souverains légitimes, un
système de défiances, de craintes, de haines, de

trahisons, de terreurs, de vengeances, de massacres, d'assassinats et d'épouvante générale, tellement combiné, calculé, que plus on va, moins on doute qu'elle n'eût vraiment entrepris, juré de ne faire de la France et d'une bonne partie de l'Europe, qu'un vaste tombeau et une solitude affreuse;

Que, loin de s'occuper franchement en 1798, lorsqu'elle était victorieuse et triomphante, de rallier les rois de l'Europe et de travailler avec eux à rétablir les Bourbons sur leur trône, et à ramener ainsi la France à sa véritable destination et le calme en Europe, elle ne cessa au contraire de tromper la confiance, de trahir la foi de ces rois, de les pousser successivement et tour à tour à la guerre et à des paix simulées, et de les tenir tellement et si constamment incertains sur l'avenir, qu'après s'être vus ainsi partiellement toujours battus, vaincus, humiliés, plusieurs même détrônés, ces rois fatigués, ruinés et finalement épouvantés, eussent infailliblement tous succombé en 1814, s'ils n'eussent eu enfin le bon esprit de s'entendre et de se réunir tous pour se sauver eux-mêmes.

Nous ne prétendrons pas davantage, comme on le débite encore, et plus fort que jamais en Europe, qu'il est certain :

Que l'Angleterre, tandis qu'elle faisait ainsi manœuvrer tour à tour ces rois, si heureusement pour son compte et si périculeusement pour le leur, ne songea qu'à ses intérêts, qu'à s'emparer du commerce des nations ;

Qu'elle n'eut jamais d'autre but que de réduire les autres à rien faire pour arriver à faire tout à elle seule ;

Qu'elle n'a dernièrement encore défendu l'Espagne, le Portugal, etc....... que pour mieux les envelopper dans cet infernal système, et ne les a exploités encore plus avidement qu'inglorieusement, qu'afin de se rembourser avec une effroyable usure d'une main, de ce qu'elle n'avait pu se dispenser de répandre de l'autre pour les séduire et les tromper, comme on les avait trompés et séduits d'autre part, et de leur devenir par-là plus indispensablement nécessaire dans leur misère et leur dénûment de tout ;

Qu'elle ne s'en tiendra pas là ; que la Hollande etc., etc., subiront le même sort.........
Que le Nouveau Monde y passera comme l'ancien.....

Enfin, qu'elle n'en est venue, comme elle s'en glorifie tant aujourd'hui dans sa bouffissure sans exemple, qu'elle n'en est venue jusqu'à stipendier au-delà de ses propres forces plus de 5oo mille hommes sur le continent, que pour s'asseoir en Europe au premier rang des puissances militaires, et ne conserve même encore aujourd'hui cette attitude et n'a déclaré rester sur un pied de guerre aussi formidable ( qu'elle augmente encore chaque jour ), que pour commander plus impérieusement les partages, se faire faire, sans discussion, la part du lion, se faire même gracieusement et très humblement prier de vouloir bien l'accepter; que pour s'assurer enfin le monopole universel de telle manière et si bien sans retour, qu'aucune de ces puissances, que toutes ces puissances vinssent-elles à se réunir, ne puissent désormais le lui disputer, pas même oser y trouver à redire.

Nous ne prétendrons même pas, quoiqu'on en dise bien d'autres encore en Europe,

Que la conduite plus qu'extraordinaire de la plupart des puissances de l'Europe, en 1798, sous le règne des avocats-rois-gouverneurs de la république française ( gens si aisés à congédier et à renvoyer chacun chez soi, pour faire place à leur roi légitime, alors si fortement désiré, qu'à force d'en exprimer le désir à l'Angleterre elle - même, la France était lasse d'espérer ), et depuis 1799, sous l'empire de Napoléon, si difficile au contraire ( et par la faute de l'Angleterre elle-même ) à culbuter, à renverser, à détrôner enfin.....

Et les circonstances du rappel éclatant et de l'heureuse résurrection des Bourbons, événement si mémorable! et qui, après la Providence toutefois, n'est absolument dû, comme les alliés le savent eux-mêmes, qu'aux combinaisons les plus simples et les plus naturelles d'un certain *génie politique* (1) noblement inspiré par l'amour de son pays et de son roi, et si à propos secondé par celui des Français pour ce roi légitime, et si nécessaire au bonheur de tous.....

Et enfin la peine extraordinaire, extrême qu'a eue ce bon roi à arracher de quelques-unes de ces mêmes puissances une paix conforme aux vœux et aux intérêts de tous les peuples; paix dont ce grand monarque, aussi ferme que juste et éclairé, saura bien, avec ses Français, maintenir, assurer et faire respecter les conditions, malgré les perfides clameurs et les motions intempestives et intéressées de tous les jongleurs politiques de la Tamise.....

Nous ne prétendrons, disons-nous, même pas:

Que tous ces faits et une multitude d'autres

--------------------------------------------------

(1) T... P...

dont on ferait mille volumes, prouvent le moins du monde :

*Que les Anglais n'ont pas plus voulu sauver la France pour les Bourbons en 1814, que les Bourbons pour la France en 1798.....*

Mais, lorsque nous sommes sûrs qu'il est constant :

1°. Que le gouvernement anglais vient tout à l'heure, l'accent de la plus profonde sensibilité, de la compassion et de la pitié les mieux senties *sur les lèvres* ( ce qui est assurément bien édifiant de la part d'un pareil gouvernement), de presser le parlement, par un message solennel, extraordinaire du 14 juillet, de lui fournir les moyens de faire sur le continent *quelques aumônes* aux plus misérables de ceux que la guerre y a ruinés, dépouillés, et de lui déclarer en formant cette demande : *que les circonstances recommandaient à l'Angleterre de tenir une pareille conduite pour repousser le reproche de n'avoir agi que d'après des motifs d'intérêt particulier*; ( hélas! chose pourtant si naturelle et conséquemment si excusable! )

2°. Qu'une foule d'honorables membres, entr'autres lord Sidmouth, Tierney, etc., tout en combattant vivement cette demande sous des rapports puisés dans l'intérêt même des malheureux de la Grande-Bretagne, n'y ont adhéré que par cela seul qu'il s'agissait de repousser, d'étouffer ( chose assez difficile quand les gens se brouillent ) un reproche aussi amer, aussi grave que celui *de n'avoir procédé, dans leurs rapports avec les puissances alliées, que d'après des motifs d'intérêt particulier* ( ce qui peut n'être que trop clair pour elles );

3°. Que plusieurs de ces honorables membres sont même allés dans la discussion jusqu'à révéler et déclarer positivement:

*Qu'un personnage russe du plus haut rang s'était expliqué très formellement sur cette étrange, fastueuse et vaine ostentation d'humanité si humiliante, si insultante pour les peuples et si révoltante pour leurs gouvernements.......*

4°. Que des agents ( on ne sait trop de quel pays ), comme s'ils eussent bonnement cru qu'un peuple penseur, comme celui de Londres, dût s'occuper de *rebus*, lui ont fait adresser par John-Bull, ce vieux proverbe du sage : *Ubi erit superbia, ibi erit contumelia,* et ces quatre vers satiriques ( encore plus bizarres dans leur langue que dans celle-ci ), dont le sens n'est ni plus ni moins que :

Rois et peuples bien savent sur ce point:
Qu'en rendant à tous jusqu'à leur chemise,
Un seul *pence* ne débourseront point
Tous les archi-forbans de la Tamise.

Et puis encore cet autre proverbe, de même fabrique que le précédent : *Fortioribus autem fortior instat crutiatio* ( *lib. sap.* ).

Et même ( comme pour couronner l'œuvre ) cet avis ou cette leçon aux potentats du continent sur les faits et gestes encore à redouter de la part des jongleurs politiques de la Tamise :

*Exuvias, rapinas meditatur mens eorum et fraudes linguæ eorum loquuntur; si ergò delectamini sedibus vestris et sceptris, ó reges! attendite ut regnetis* ( *lib. sap.* ).

5°. Enfin, que les ministres même de la Chine sont, dans ce moment encore, forcés d'être auprès de l'agent britannique ( Russel ) en réclamation sérieuse d'une foule d'indemnités, à raison de pertes et dommages extraordinaires que les anglais ne cessent de faire essuier aux Chinois dans leur commerce avec les Américains, en détournant et retenant à leur profit les guinées, les pistoles et roupies de ces derniers ( Voyez les nouvelles de Londres du 16 ).....

Lorsque, disons-nous, nous sommes sûrs de

tout cela, et qu'on parle et qu'on s'explique ainsi en Angleterre, à Londres même ; et qu'on pense et qu'on raisonne ainsi en Russie, même en Chine, peut-être même au Japon, etc.; et que tant de personnages et d'honorables membres du parlement d'Albion n'ont pas craint d'opiner dans le même sens;..... et que John-Bull lui même ( qui peut-être n'est pas celui dont on doive le moins respecter ou priser, sinon le génie poétique ou l'édifiante érudition, du moins les pensées et surtout les intentions) se trouve avoir si énergiquement signalé ces fameux insulaires comme de vrais pirates, et déclaré formellement: *que rois et peuples doivent ainsi voir et sentir en Europe,* etc.....

Nous croyons franchement que, d'après des documents aussi précis, aussi certains, et des autorités aussi imposantes, il est permis de conclure ( quoi qu'en puisse dire le bon abbé Carron et ses exceptions sans doute très honorables ): que *les Anglais n'ont jamais eu l'intention de sauver l'Europe;* et nous pensons que c'est bien le cas, ou jamais, de leur appliquer, au moins, le fameux *Mentiris impudentissimè* d'un de nos plus célèbres et plus profonds penseurs, qui n'aimait pas plus les *escobarderies* en morale, que les rois de l'Europe, l'empereur de la Chine et tous les Chinois du monde n'aiment les *jongleries* en politique.

Cependant, nous supposerons que *les anglais ont vraiment sauvé l'Europe en 1814.*

Nous crierons même, si l'on veut, plus haut et plus fort qu'eux : *Vivent les Anglais ! vivent les sauveurs des Bourbons ! vivent les sauveurs de la France, de toute l'Europe, du monde enfin tout entier, en 1814 !*

Sera-t-il moins vrai :

Que les Anglais n'ont pas sauvé l'Europe en 1798 ?

Sera-t-il moins certain :

Que les malheurs de l'Europe, faute d'avoir été sauvée à cette époque, n'ont pas cessé un instant d'aller toujours en croissant de plus en plus jusqu'en 1814 ?

Et que la voilà, cette pauvre Europe, même encore aujourd'hui, et après avoir ainsi de plus en plus souffert pendant plus de seize ans de plus, et n'avoir cessé d'être, pendant tout ce temps-là, agitée, troublée, inquiétée, divisée, tourmentée, pillée, ravagée, dévastée, écrasée, ruinée et enfin dépouillée de toutes les manières, la voilà ( si les cartes se brouillent au congrès ), à ne savoir absolument que devenir.

Ainsi donc :

Si l'on pouvait, par hasard, bien démontrer *Qu'en 1798, rien n'était plus facile aux Anglais, s'ils eussent voulu, que de rallier les rois et de s'entendre avec eux pour rétablir les Bourbons sur leur trône, et ramener ainsi la France à sa véritable destination et le calme en Europe.*

On serait forcé de convenir, lorsque les Anglais, pouvant ainsi sauver l'Europe en 1798, n'auraient pas voulu la sauver à cette époque ;

Que l'Europe aurait le droit le plus incontestable d'accuser les Anglais *de tous les malheurs qui l'ont accablée depuis* 1798 *jusqu'en* 1814, et de leur reprocher ( comme elle le fait maintenant) *de n'avoir jamais agi avec elle que d'après des motifs d'intérêt particulier,* et que ce droit paraîtrait d'autant plus de nature à n'être pas contesté, que tout ce qui s'est passé depuis 1798 en Europe, ne laisse pas le moindre doute *qu'il n'eût été mille fois plus facile en* 1798 *de sauver l'Europe sous la république française, alors à l'agonie, qu'en* 1814, *sous Napoléon encore assez bien vivant.*

C'est précisément parce que le mémoire qu'on va lire et que nous adressâmes en l'an VII de la république aux divers cabinets de l'Europe, renferme la démonstration de cette assertion, qu'en 1798 *rien n'était plus facile aux Anglais, s'ils eussent voulu que,* etc. ; de cette vérité fondamentale et si importante dans ce moment où il ne s'agit de rien moins que de savoir enfin ce qu'on doit ou on ne doit pas aux Anglais, ce qu'on doit craindre enfin ou espérer de leur part, et parce que cette démonstration se trouve poussée jusqu'à la plus grande évidence, et qu'elle peut, cette démonstration, en détrompant les uns ou en éclairant les autres, et les jeunes gens surtout, rendre le lecteur plus attentif à tout ce que Louis-le-Désiré a fait depuis son retour, et fera bien certainement encore pour le bonheur de la France et celui même de toute l'Europe; c'est, disons-nous, précisément parce que nous croyons qu'elle produira cet effet, que nous nous sommes décidés à livrer définitivement ce vieux mémoire au public : laissant, du reste, tout bonnement au lecteur le soin de juger si nous avons dû ou pu présumer que de *pareilles vieilleries politiques* pourraient l'intéresser, tout comme la liberté de les jeter de côté, ou même au feu, si elles l'ennuient ou ne sont point de son goût; et nous reposant, tout simplement et tout aussi bonnement que le *cousin John-Bull* lui-même, sur notre pleine science et conviction entière que, si elles ne font point de bien elles ne feront au moins pas de mal.

# AUX ROIS DE L'EUROPE,

## POINT DE RÉPUBLIQUE OU POINT DE ROIS;

VOILA COMME LA PAIX DOIT UN JOUR SE FAIRE.

*Audite, et nunc intelligite.* (LIB. SAP.)

## PAR LE DOCTEUR PANSOPHE,

DES BORDS DE LA DIVE (1798.)

---

Si tout ce qu'on a vu en France et en Europe depuis 1788 n'était pas le contraire de ce qu'avaient prévu les esprits les plus éclairés, on s'étonnerait de rencontrer aujourd'hui des hommes qui croient de bonne foi à la paix.

La paix est impossible.

Laissons tout ce que le directoire a fait pour l'éloigner depuis le traité de Campo-Formio; oublions la révolution sanglante et mal assurée de la Suisse; l'expédition d'Egypte, dont la plus grande conséquence est d'avoir maladroitement dévoilé l'insatiable et turbulente ambition des républicains français; ne parlons pas

2

de la prétention hautement annoncée de bouleverser l'empire, et d'engager ainsi les rois eux-mêmes à consommer ce grand œuvre par l'anéantissement des électorats ecclésiastiques, comme il a été consommé en France par l'anéantissement du clergé; n'examinons que la conscription militaire de la république française dans ses rapports avec les gouvernements étrangers.

Des sots, qu'on appelait avec raison des politiques d'un jour, et qui, parce qu'ils ont rencontré des politiques trop vieux d'un siècle, durent et se succèdent depuis dix ans, ont avancé beaucoup de grandes vérités, qui toutes sont fausses dans l'application, par la raison que toutes les vérités sont relatives.

Le feu réchauffe, il brûle, il épure l'air, il le corrompt; ainsi il est donc vrai que le feu réchauffe, brûle, épure et corrompt. Comment ce qui est contradictoire peut-il être également vrai? Répétons-le, c'est que toutes les vérités sont relatives en politique, en physique, en administration et en morale.

Deux et deux font quatre: personne ne le conteste; pourtant il est bien prouvé qu'en fait d'impositions deux et deux ne font pas toujours quatre: pour s'en convaincre, il suffit de jeter un coup-d'œil autour de nous. Plus on nous écrase d'impôts, moins il nous devient possible de les payer. Les malheureux flatteurs qui crient bien haut que la France est plus grande, plus peuplée que sous la monarchie, et que cependant les impositions ne sont guère plus fortes, disent une grande vérité; mais ils oublient, 1°. que le numéraire effectif en circulation est diminué de plus de moitié; 2°. que relativement il est diminué de plus des trois quarts, puisque les billets des négociants, banquiers, etc., entre eux, les contrats, les caisses et les effets publics qui faisaient chacun en particulier, et tous ensemble, le même service que le numéraire, n'existent plus; 3°. que la nullité du commerce avec l'étranger, la mort du commerce intérieur, plus, l'aisance devenue un besoin pour la classe agricole et même ouvrière, sont autant de nouvelles causes de la pauvreté générale : ainsi avancer que nous ne payons guère plus d'impôts que sous l'ancien régime, est une vérité si l'on compare les chiffres, et un mensonge si on compare les situations. Nous en payons trois à quatre fois plus. Isolez les principes, ils sont vrais; rapprochez-les, ils sont faux puisqu'ils se contredisent. On pourrait pousser la conséquence de ce que j'avance si loin, qu'on découvrirait pourquoi, sans le vouloir ou en le voulant, on a toujours, depuis la révolution, fait

de très bons discours et donné de très mau‑
vaises lois.

Le principe même de morale : *fais à autrui ce que tu voudrais qu'on fît pour toi*, n'est vrai que pour les honnêtes gens ; car les coquins voudraient qu'on leur fît grâce, et la feraient à leurs complices s'ils étaient leurs juges. Les gens qui craignent la corde sont assez mauvais moralistes ; ceci n'a pas besoin d'application.

Venons au terrible principe qui s'oppose à la paix, et que les grands faiseurs ont tant répété.

» Chaque peuple a le droit de réformer ses lois à sa volonté, sans souffrir l'intervention des autres peuples. »

Cela est vrai tant que les lois d'un peuple ne compromettent ni les droits, ni les intérêts, ni la sûreté de ses voisins ; mais du moment qu'ils les compromettent, si ses voisins n'ont pas le droit de s'en mêler, alors ils n'en ont d'autres que celui de devenir esclaves. C'est à peu près ce que nous avons vu jusqu'à présent.

Quand les rois de France ont voulu res‑ treindre le trop grand pouvoir des seigneurs, ils ont conservé des troupes soldées, même en temps de paix, et alors tous les rois de l'Europe, qu'un corps sans cesse armé effrayait avec raison, ont aussi eu des troupes soldées en temps de paix ; de là sont venues la puissance apparente et la ruine cachée de tous les états. Sans doute un roi de France avait bien le droit de conserver des régiments à sa solde, sans que les rois ses voisins s'en mêlassent : cependant dans l'impossibilité de l'en empêcher, ils ont été contraints de l'imiter.

Sera-t-il en tout temps possible à chaque roi dé l'Europe d'imiter, d'égaler la république française dans les moyens qu'elle emploie pour se créer un pouvoir militaire ? Non.

Les rois de l'Europe réunis peuvent-ils aujourd'hui surpasser la puissance militaire de la république française ? Oui.

Ils ne feront donc pas la paix, qui les perderait individuellement, et continueront la guerre, qui les sauvera tous.

Si la loi sur la conscription militaire était une loi purement de circonstance, elle disparaîtrait avec les circonstances qui l'ont fait naître ; mais c'est une loi fondamentale, en voici les conséquences :

Supposons la paix faite, qu'elle dure cinq ans, que pendant cet intervalle le directoire ne bouleverse pacifiquement aucun état ; c'est fort, mais ces suppositions ne coûtent rien.

Supposons également que les rois de l'Europe, en paix avec le directoire, ne se battent pas entre eux ; c'est encore bien fort, car la paix ne peut se faire sans jeter parmi les gouvernemens qui en profiteront, mille causes de discorde, les unes qui naîtront naturellement de leurs nouveaux intérêts, les autres qui naîtront aussi naturellement de l'intérêt que les maîtres de la France auront de brouiller ceux qu'ils aiment mieux combattre divisés que réunis.

Voilà deux suppositions bien favorables aux partisans de la paix, ou plutôt à ceux qui y croient, car tout le monde la désire.

La coalition renouée pour la seconde fois, et pour la seconde fois détruite par l'effet d'une paix générale, se renouerait - elle une troisième fois? Non.

Chaque roi resterait donc à la merci de ses propres forces, ou tout au plus compterait sur des alliances dont les êtres les moins instruits connaissent la valeur? Oui.

C'est là que les attend le directoire français, et c'est pour cela qu'il veut aujourd'hui la paix, et qu'il la veut bien sincèrement.

Suivons notre supposition.

Au bout de cinq ans d'une paix générale, il résultera :

1°. Que l'existence de la république française et l'existence des petites républiques ses filles, seront reconnues bonnes et valables : ce qui est d'un exemple bien séduisant pour les peuples leurs voisins, qui auront eu le temps de lire et de commenter les droits de l'homme et du citoyen, ce qui veut dire sans doute les droits de l'homme de la nature et de l'homme de la société, droits qui s'accordent bien entre eux, comme l'expérience nous l'a prouvé;

2°. Que les finances de la France (sa partie faible, et bien faible aujourd'hui) auront repris un équilibre avantageux, malgré toutes les fausses combinaisons que l'on pourra faire pendant cinq ans; car les biens nationaux (objet considérable qui est encore un problême, mais dont la paix donnera la solution) offriront une ressource incalculable, fussent-ils tous vendus à cette époque. D'ailleurs personne ne se le dissimule, une dette nationale devenue fort petite, cinq ans de paix et le sol de la France suffisent pour porter le crédit de la république assez loin pour qu'on puisse au besoin en abuser de nouveau;

3°. Que la France aura alors cinq classes de conscrits bien exercés, bien disciplinés, d'autant mieux disposés à marcher, que ce qui leur répugne aujourd'hui par sa nouveauté et par le contraste affreux qui en résulte, avec leurs habitudes, sera vaincu par une habitude contraire, celle de se regarder effectivement comme les défenseurs nés de la patrie, ou les instruments de l'ambition de leurs maîtres; car il y a aussi des maîtres dans les républiques où tous les hommes sont égaux devant la nature et devant la loi, et où l'on ne parvient aux places que par les vertus légales et les talents naturels;

4°. Que les républiques, filles de la république française ( qui dans le fait ne sont que des provinces gouvernées despotiquement par des républicains du pays, dont tout le patriotisme consiste dans une basse soumission aux volontés du directoire français ), que ces républiques, dis-je, accoutumées par cinq ans d'existence, à se regarder comme entièrement liées au destin de la France, la soutiendront, dans les guerres qu'elle entreprendra, de leurs soldats qui seront exercés, et de leurs finances qui, à tout événement possible, seront moins en désordre qu'à présent.

Résumons, et affirmons qu'après cinq ans de paix la république française sera assez forte pour attaquer, soumettre et révolutionner tel état de l'Europe qu'il lui plaira de choisir ; certes, c'est ce qu'aucun républicain ne contestera, puisque tous les républicains font sem-

blant d'être persuadés que la république française peut aujourd'hui attaquer, soumettre et
révolutionner tous les états de l'Europe à la
fois; mais ils savent bien le contraire, aussi
veulent-ils la paix.

Après cinq ans de paix, ai-je dit, la république française aura à sa disposition cinq
classes entières de conscrits bien exercés, et à
ne les calculer qu'à cent mille hommes par
classe, cela fait cinq cent mille soldats, qui
n'auront coûté, pour les rassembler, qu'un
décret du corps législatif et un arrêté du directoire, ce qui n'est pas cher. Quel roi pourra
recruter ses armées à pareil prix ?

La France a-t elle aujourd'hui les mêmes
ressources? Non, sans doute. Des cinq classes
de la conscription, deux sont absolument nulles,
puisqu'elles ont été d'avance absorbées par la
conscription faite du temps du comité de salut
public, et les trois autres classes, loin d'être
exercées, sont composées de jeunes gens qui,
pour la plupart, n'ont aucune habitude des
armes, qui détestent le but et la cause pour
lesquels on les arrache à leurs familles, à leurs
plaisirs et à l'existence. L'insurrection de plusieurs départements en est la preuve ; et les
mesures de rigueur annoncées par le décret
même sur la conscription, disent assez que le

corps législatif et le directoire ne sont pas plus dupes que l'Europe du prétendu enthousiasme dont on a fait mention honorable dans les procès - verbaux, où l'honneur entre moins aisément que le mensonge.

La conscription aujourd'hui a le désavantage de n'offrir que trois classes de conscrits disponibles, et la défaveur qui accompagne toute mesure nouvelle et violente.

Le *plutôt mourir ici qu'ailleurs* des Belges est sublime pour sa vérité; dans cinq ans il sera ridicule, parce que les esprits seront courbés sous le joug de l'habitude; sans la réquisition opérée par le comité de Robespierre, la conscription du directoire aurait trouvé cent fois plus d'opposants.

La France est à présent lasse de gloire, de misère, de révolution, d'esclavage, d'impôts, de républicanisme, lasse même d'espérer la royauté; elle est épuisée, elle n'a ni commerce, ni argent, et un luxe effrayant. La défaite de sa marine lui a appris qu'elle n'est pas invincible, et l'insurrection de plusieurs départements lui fait soupçonner que les chaînes de la liberté peuvent se rompre comme celles du despotisme; elle déteste ses maîtres, parce qu'ils n'ont pas même pour eux cette constitution bizarre, qu'on avait regardée comme un abri après l'orage, et qui ne s'est trouvée qu'un gouffre où les talents et les vertus ont été engloutis. En un mot la France manque d'énergie, parce qu'elle ne voit pas le but; elle n'a plus d'espoir, parce qu'elle n'aperçoit pas de terme. Voilà son esprit public et sa position.

Les puissances coalisées, au contraire, éveillées par les folies du directoire, les clameurs imprudentes des deux conseils et les victoires des Anglais, semblent avoir senti que leur existence actuelle dépend de leur union, et leur existence future du retour de l'ordre en France, c'est-à-dire du rétablissement de la monarchie. L'expérience leur a dit clairement que l'ancienne diplomatie devait se taire devant les dangers qu'elle n'avait pas prévus; que lorsque tout changeait autour des rois, ils devaient aussi changer de calcul, et les intérêts d'autrefois ont disparu devant un intérêt plus puissant, celui de ne pas éprouver le sort de Louis XVI, celui du Stathouder, ou celui du roi de Sardaigne; celui de Louis XVI n'est pas le plus malheureux.

Jamais moment ne fut plus favorable à la cause des rois; ils sont éveillés, c'est beaucoup. La France qui était naguère encore la grande nation, n'est plus que la nation grande, et cette grandeur de terrain est le présage assuré de sa perte. L'intérieur est mécontent, les frontières sont agitées, la Suisse s'indigne à l'idée de combattre pour ceux qui l'ont perdue; l'Italie calcule sourdement les événements, et tressaille à la possibilité de la vengeance; la Hollande, lasse de payer le droit d'augmenter sa misère du reste de l'argent amassé dans la prospérité, éprouve cette inquiétude indéfinie qui précède le désespoir : tout fermente, tout annonce que cette énorme république, dont les parties mal concordantes repousseraient même la main d'un dieu qui voudrait les réunir, va se briser au premier choc. Je le répète, les rois sont enfin sortis de ce long assoupissement qui ressemblait à celui de la mort. Qui les replongerait du même coup dans le sommeil et dans le tombeau ? La paix.

Cette levée de deux cent mille conscrits qu'on a tant de peine à équiper, et qui risquent de marcher à la gloire ou à la mort, le ventre creux et les pieds nus , a augmenté l'embarras financier des maîtres de la France, et semble ne leur offrir qu'une bien faible ressource.

En effet, depuis la demande décrétée de ces deux cent mille conscrits, nous avons appris que Buonaparte, avec une foule de généraux et près de cinquante mille hommes, tant marins que soldats, se disposaient, faute de mieux, à vivre et mourir en Egypte. C'est un très grand malheur pour la France ; mais comme nous ne parlons pas ici de ses malheurs , ce qui ferait un trop gros volume, posons en fait, en réduisant au plus bas, que l'Egypte nous enlève trente-cinq mille homme de troupes choisies.

Depuis la demande décrétée de deux cent mille conscrits, Humbert a laissé en Irlande quinze cents soldats , troupes également choisies.

Depuis, encore, Bompart s'est laissé prendre avec trois mille hommes, troupes également choisies.

Depuis, encore , un vaisseau tout neuf, sorti de Nantes, a été pris par les Anglais, avec trois mille hommes de troupes également choisies.

Je ne parle pas des marins ; la marine est une affaire entièrement terminée.

Voilà donc , tant en Egypte qu'en Angleterre , *quarante mille cinq cents hommes* de moins, depuis la levée de la conscription. J'oublie ce que nous avons perdu à Malte, dans ces petites îles de la Grèce , sur deux bâtiments hollandais , pour arriver plutôt à un calcul qui en vaille la peine.

De l'aveu des journaux, dont la nullité assure la circulation , les insurgés des départements réunis montent à quarante mille hommes. J'ad-

mets, sans le croire, que nous leur tuons toujours beaucoup de monde, qu'ils nous en tuent
très peu : j'admets qu'il ne périt que quelques
soldats dans une action où trois officiers supé-
rieurs sont blessés ; je laisse de côté le nombre
considérable de soldats gissants dans les hôpitaux de Bruxelles, Louvain et autres villes. Je
fais plus, je termine l'insurrection, et je suppose que pour soumettre, disperser et tuer
quarante mille insurgés qui se battent pour leur
Dieu et leur patrie, nous ne perdrons que quinze
cents hommes tués ou hors de service ; c'est encore quinze cents hommes de troupes choisies,
car le directoire, lui-même, a annoncé qu'il
n'enverrait contre les révoltés que des régiments dont il serait sûr.

Je demande pardon au directoire, si j'appelle insurgés ceux qu'il appelle révoltés ; mais
depuis la révolution, on est insurgé tant qu'on
a les armes à la main, et révolté quand on est
battu. Ce n'est pas mon dictionnaire, à moi,
mais c'est celui des hommes du jour ; aussi est-
ce à des hommes du jour que j'en fais l'obser-
vation.

Crions : victoire ! si ce n'est pas assez, crions :
vive la République ! Voilà quarante mille révoltés tués, dispersés ou soumis, et il n'en a coûté
que quinze cents hommes ! Un moment, ci-

toyens ; laisserez-vous ces départements dégarnis de troupes dans un moment où les chances de la guerre peuvent ranimer leur courage et leurs espérances ? non, sans doute. Enverrez-vous, pour garder les villes de ces départements, des conscrits qui pourraient un jour faire cause commune avec eux ? non, sans doute.

Eh bien, il vous faudra, de votre aveu, trente mille hommes de garnison dans ces départements que vous abandonniez à leurs propres forces avant la conscription, et ces trente mille hommes vous serez obligés de les prendre encore parmi vos troupes choisies.

Calculons. Quarante mille cinq cents hommes que vous avez laissés en Egypte et en Angleterre, quinze cents tués dans les départements insurgés, et trente mille qu'il leur faut depuis qu'ils sont soumis ou quand ils le seront, voilà *soixante-douze mille hommes* de vieilles troupes accoutumées à se battre, à tuer les ennemis et même leurs concitoyens, qui depuis la levée des conscrits deviennent nuls contre la coalition.

Mais ce n'est pas tout.

Et cette terrible Vendée que le droit de passe et la conscription, dont deux départements seulement ont été exemptés, viennent de soulever de nouveau, l'abandonnerez-vous au peu de troupes que vous y conserviez ? non , sans doute ; il faut l'étouffer avant qu'elle renaisse de ses cendres ; il faut repousser les tentatives des perfides Anglais ; il faut rétablir cette armée, autrefois des côtes d'Angleterre, aujourd'hui des côtes de France ( car votre position est bien changée depuis six mois ) , et vingt-huit mille hommes ne seront pas de trop. Cela vous fait juste *cent mille hommes* de vieilles troupes employées dans l'intérieur de perdues au dehors, depuis la levée de deux cent mille conscrits.

Si vous trouvez que je vous emploie trop de monde, ce dont je doute très fort, je vous observerai que je ne fais nul compte des soldats que vous envoyez en Suisse, aussi pour appaiser les troubles qu'y fait naître la conscription ; je vous observerai également que j'oublie de compter ceux que la fermentation de la Hollande exige de votre prudence ; et puis tant d'autres endroits de la France dont je ne parle pas, pour ne point vous traiter à la rigueur : agissez de même à mon égard , et laissez-moi mes *cent mille hommes.*

Votre levée de conscription se réduit donc à ce calcul dont je ne vois pas l'avantage pour vous. Vous avez changé cent mille soldats rompus à la fatique, accoutumés au feu, contre deux cent mille jeunes gens qui n'ont pas la volonté de se battre, qui en ont encore moins l'habitude, et dont beaucoup, n'en ayant pas la force, vont peupler vos hôpitaux et faire couler les larmes de leurs malheureux parents sans vous être d'aucune utilité.

Et vous croyez que les Rois que vous avez menacés de la honte, des supplices, de la mort, vont trembler devant cette levée de conscrits qui a augmenté vos embarras en diminuant vos forces ? et vous croyez qu'ils sont *encore* assez aveuglés pour ne pas voir que du moment que vous souhaitez la paix, c'est que vous craignez la guerre ? Votre insolence dans les succès a trop appris à l'Europe que la peur ou la perfidie pouvaient seules vous donner de la modération... Si vous avez peur, les Rois sont enhardis et ne doivent pas vous accorder la paix ; si vous ne la désirez que par l'espoir perfide de les désunir, de prendre mieux vos mesures, et de les accabler isolément et chacun à leur tour, ils ne doivent entendre aucune proposition, ils n'en entendront aucune. Pour quiconque sait lire dans les événements, il est clair que l'an VII de la République est la dernière de votre existence.

Disons-le, parce que cela est vrai, le directoire avait prévu que la levée des conscrits lui donnerait momentanément plus d'embarras que de ressources ; mais il calcule pour l'avenir ; il voulait à la fois effrayer les puissances étrangères pour obtenir la paix , et se préparer à loisir des ressources pour mieux leur faire la guerre ; car il ne faut pas se lasser de le répéter , la conscription n'est révoltante aujourd'hui que parce que les esprits n'ont pas eu le temps de s'y accoutumer ; dans cinq ans elle s'effectuerait sans la moindre résistance et avec les plus grands avantages : tout ce qui est contre la France en ce moment, serait pour elle à cette époque.

Il est évident que l'intérêt des Rois de l'Europe est de continuer la guerre ; cet intérêt est également celui de leurs sujets. La paix avec la République française forcerait l'Europe entière à rester dans un état d'anxiété , de bouffissure qui la perdrait plus promptement que ne peut faire le sort des combats. En voici la preuve :

Par son décret de conscription , outre les troupes réglées qu'elle conservera pendant la paix , la République française aura toujours à sa disposition cinq cent mille hommes exercés , qu'un mot suffira pour rassembler sous les drapeaux de Mars.

C'est-à-dire clairement que, pendant la paix,

la République sera continuellement dans une attitude guerrière et menaçante.

Sous peine de perdre leurs états, et pour retarder le moment de leur chute, les Rois seront donc obligés, non seulement de conserver leurs troupes comme si la guerre devait recommencer chaque jour, mais ils seront de plus forcés d'en augmenter le nombre, par la raison toute simple que la coalition étant dénouée par la paix, chaque roi se trouvera à la merci de ses propres forces, et que sa sûreté lui ordonne de porter ses forces aussi près qu'il lui sera possible du nombre de celles avec lesquelles la République française peut l'attaquer à l'improviste. Conçoit-on rien de plus horrible pour les gouvernants et les gouvernés, qu'un état de choses pareil? Et lorsqu'il n'est pas douteux que la trop grande puissance militaire de tous les gouvernements est la cause première de l'embarras de leurs finances, peuvent-ils vouloir d'une paix qui ne peut qu'augmenter la nécessité de se ruiner? Est-ce le lendemain de la paix qu'ils pourront appeler leurs sujets sous les armes? Et quand ils le feraient, quand leurs finances pourraient y suffire, quand une imitation de la conscription française ne révolterait pas ceux qu'ils gouvernent, il n'en résulterait pas moins qu'alors chaque Roi ne serait fort que de ses propres forces, et qu'aujourd'hui, sans nouvelle levée, la coalition est forte des forces de tous, de la situation critique de la France, et de mille causes imminentes, qui sonnent la chute de la République grande, très grande, trop grande.

Et puisque faire la paix ne serait que rester en état d'épuisement et de guerre, peut-on conclure la paix? Qu'est-ce qu'une paix qui n'offre aucun avantage réel à ceux qui la concluent, et qui, au contraire, augmente leur embarras? Avec qui ferait-on la paix, d'ailleurs? est-ce avec des hommes sans foi, sans existence, avocats la veille, rois aujourd'hui, déportés demain, et toujours remplacés par des êtres dont tout le mérite consistant à blâmer ceux qu'ils ont dépossédés, n'ont rien de plus pressé que de détruire ce qu'ils ont trouvé fait. Tranchons d'un mot la difficulté : peut-il y avoir six mois de paix tant que le colosse de la République française restera debout? Les Rois peuvent-ils voir sans frémir une République à la fois révolutionnaire, athée et guerrière? La République française elle-même peut-elle souffrir l'existence des Rois? Parlez de paix, discutez des traités, signez, chantez le *Te Deum* d'un côté, organisez de belles fêtes au Champ-de-Mars; de l'autre, vous êtes et vous serez toujours en état de guerre. Le traité dé Campo-Formio n'a eu pour résultat que la Suisse et Rome révolutionnées, et des lampions brûlés à Paris.

Revenons à notre supposition : la paix est faite. Rois de l'Europe, laisserez-vous circuler dans vos états cette foule de Français, d'Italiens, de Suisses, de Hollandais, qui sous prétexte de s'instruire, de commercer, sous celui même de chercher un refuge contre la proscription, ne formeront dans le fait qu'une troupe de propagandistes, dont le chef visible et sacré pour vous sera l'ambassadeur de leur nation ?

Permettrez-vous à ces voyageurs de communiquer sourdement à vos sujets ces livres infernaux qui séduisent, parce qu'ils donnent l'essor à toutes les passions et l'amnistie à tous les vices ? Souffrirez-vous que cette foule de Français rappelle jusqu'au pieds du trône, le régicide triomphant et le crime couronné des mains de la Victoire ? J'en doute. Alors, vous serez en état de guerre, malgré le traité de paix ; et les précautions que vous prendrez pour la sûreté de vos états, seront un jour la base du manifeste que la république française publiera contre vous : à quoi donc vous aurait servi de faire la paix ?

Et vous, maîtres tremblants de la France,

souffrirez-vous que les agents de Vienne, de Pétersbourg, d'Angleterre, de Berlin circulent librement dans votre république ? Souffrirez-vous qu'ils appuient de leurs conseils et de l'argent de leurs cours les nombreux ennemis de votre despotisme ? Souffrirez-vous que, sous le nom d'étrangers, les émigrés, les déportés rentrent dans leur patrie, et apprennent à ceux qui en doutent que votre puissance ne résisterait pas à cent hommes déterminés à périr ou à se venger ? Je ne le crois pas : vous resterez donc en état de guerre et de révolution, et alors, quel bien retirera la France de la paix que l'Europe aura contractée avec vous ? Je sais bien qu'elle vous servira à vous ; je l'ai déjà dit, elle vous sauvera de la crise qui vous menace, et vous donnera le temps de menacer à votre tour avec succès ; mais la paix ne doit pas être que pour vous.

Il ne faut pas se le dissimuler, beaucoup d'étrangers croient que la guerre ayant agrandi votre existence, la paix vous tuera ; et voilà le motif qui fait que quelques uns paraissent vouloir conserver la paix. Ils se trompent : la cause de vos succès doit être aussi celle de votre perte, et toute situation nouvelle aujourd'hui ne peut que vous être avantageuse.

Je prie les politiques d'autrefois de méditer

cette vérité, que vingt époques de la révolution ont sanctionnée :

*Servir ses ennemis dans l'espoir de leur faire du mal, est un mauvais calcul; le service qu'on leur rend est réel, le mal qui doit en résulter est problématique.*

L'Angleterre a manqué en faire la cruelle expérience. Il y a moins de six mois qu'il était encore douteux si elle ne paierait pas de son existence le tort d'avoir sacrifié la cause du courage, de la vertu et des rois, et le tort plus grand d'avoir exalté les révolutionnaires. M. *Pitt* est le plus habile ministre de l'Europe; mais il a fallu que les vents d'une part et l'amiral *Nelson* de l'autre en fournissent la preuve. L'Angleterre triomphe : c'est un véritable coup de parti pour tous les gouvernements *s'ils ne s'amusent plus à jouer avec la révolution.*

Sur quoi peut-on supposer que la paix deviendrait le tombeau de la république française ? La paix lui permet de respirer, de mettre de l'ordre dans ses finances, ordre dont elle sent la nécessité, dont elle voit les moyens, mais que la force et la promptitude des événements ne lui laisse pas le temps d'employer. La paix calme l'agitation de l'intérieur, donne du crédit aux biens nationaux et fait croire aux sots et aux lâches ( c'est le grand nombre ) à

l'existence de la république. La paix déshonore les rois à proportion de ce qu'elle grandit
les républicains; est-ce là le chemin de leur
perte?

Mais, dit-on, les soldats rentreront dans
l'intérieur et demanderont des comptes. Les
soldats français, comme tous les soldats, sont
des êtres que les avocats - rois ne craignent
pas, qu'ils sacrifient à volonté, et récompensent
par des mentions honorables. Deux généraux
avaient, dans un sens opposé, assez de réputation pour devenir dangereux, l'un a été envoyé à Caïenne (*Pichegru*), l'autre à Alexandrie(*Buonaparte*), ce qui revient au même; et si,
parmi les autres, il en était par hasard quelques
uns qui pussent se faire craindre, on leur laisserait le choix d'une ambassade ou de la déportation; s'ils balançaient, on choisirait pour
eux : c'est la recette, elle est infaillible. Quiconque règne par le crime et n'estime pas les
hommes plus qu'il ne vaut lui-même, est un
être bien puissant, *tant qu'il règne.*

Mais, ajoute-t-on, les soldats exigeront le
milliard qu'on leur a tant promis. Belle difficulté! On le leur promettra encore, et dans
l'attente, ils seront les satellites fidèles du directoire. L'idée d'avoir forcé l'Europe à la paix,
d'avoir agrandi la France, les attachera à eux et à

tous ceux qui la gouverneront. D'ailleurs, les soldats, une fois rentrés dans l'intérieur, ceux qui sont las du métier retourneront à celui qu'ils ont abandonné; les autres, n'ayant de ressource que dans leur solde, seront à celui qui la leur fera payer, et le plus grand résultat de leurs murmures, sera d'obtenir une augmentation de paie; comme elle ne pèsera que sur les citadins, je ne vois pas des motifs pour la leur refuser; au contraire.

Voilà pour les soldats.

Maintenant on croit que l'activité naturelle aux républiques, ne pouvant s'exercer au-dehors, amènera des commotions dans l'intérieur.

D'abord nous n'avons point de république en France, nous n'avons qu'un gouvernement despotique, d'autant plus violent et ombrageux qu'il s'exerce au nom de la liberté; mais les esprits n'ont pas d'activité : ils sont épuisés d'espérances. Pour ceux qui participent au gouvernement, cela est vrai, ils ont une inquiétude qui aura besoin d'occupation; eh bien, ils feront des projets pour recommencer la guerre avec avantage, ils se délasseront de l'ennui de la paix en activant, en soudoyant et en opérant des révolutions dans les états des rois leurs grands et féaux amis. Ne voilà-t-il pas de quoi les distraire ?

Comme leur pouvoir ne repose que sur le crime, d'autres crimes le soutiendront, le prolongeront du moins. Du 20 juin ils ont passé au 10 août, du 10 août au 21 janvier, du 21 janvier au 31 mai, du 31 mai au gouvernement révolutionnaire, du gouvernement révolutionnaire aux tribunaux de sang, des tribunaux de sang aux canonnades du 13 vendémiaire, du 13 vendémiaire au siége des deux conseils, au 18 fructidor ; tout cela est conséquent, et par une conséquence nécessaire, chaque tentative pour les abattre les forcera à de nouveaux attentats qui augmenteront leur pouvoir jusqu'au terme marqué par la Providence pour leur chute. Mais ce terme peut être prolongé par la paix, et il ne faut pas oublier que ceux qui savent par l'usage comment s'opèrent les révolutions, savent également comment on les empêche. .

Quand même il y aurait des troubles dans l'intérieur ; observez que la révolution n'est plus dans le peuple, qu'elle n'existe plus que dans les hommes de la révolution, et qu'un changement dans ceux qui gouvernent ressemble tout bonnement à ce qui se passe quelquefois à Constantinople : l'intrigue , la chute et l'élévation sont concentrées dans le palais du grand-seigneur ; un nouveau maître n'amène pas un nouveau régime.

Mais les royalistes, qui sont en France le plus grand nombre, les comptez-vous pour rien, me dira-t-on ?

A peu près.

Les royalistes ont été cruellement trompés dans leurs espérances par la première coalition ; les plus courageux d'entre eux ont émigré, beaucoup d'autres ont péri ou ont été forcés de s'expatrier : ceux qui restent manquent d'ensemble dans leurs moyens et dans leurs opinions. Chacun veut faire une monarchie, comme chaque républicain a voulu faire sa petite constitution : vous trouverez beaucoup de royalistes qui portent le portrait de Louis XVI sur des boîtes, des bonbonnières, des éventails, vous n'en trouverez guère qui ne craignent de se compromettre lorsqu'il s'agit seulement d'aider un des leurs à se sauver........ On parle, on désire, on menace , parce qu'on est faible... Mais on n'agit point par la même raison ; il y en a mille autres.

D'ailleurs, les Français sont mal royalistes : ils ont la manie de vouloir aimer leur roi comme homme, et discutent ses qualités comme celles d'un particlier. J'ai entendu une femme, ennemie irréconciliable de la révolution, me confier qu'elle n'avait jamais aimé Louis XVI, parce qu'il avait un gros ventre, et qu'elle détestait les hommes puissants. Jugez du reste.

Cent ans encore de révolution n'apprendront pas aux royalistes français qu'il n'est pas nécessaire d'aimer son roi comme on aime sa maîtresse ou son amant, mais que l'homme éclairé aime la royauté, que le roi légitime est pour lui le roi nécessaire, et que le roi nécessaire ne peut être que le roi légitime, c'est-à-dire, celui auquel l'esprit peut, à la rigueur, contester telle ou telle qualité, mais dont aucun royaliste ne peut contester le droit.

Ceci soit dit sans aucune application personnelle : bien loin de vouloir prévenir les cœurs contre les qualités de Louis XVIII, j'affirme, parce que j'en suis persuadé, *que le ciel semble lui avoir donné juste le mérite, et le genre de mérite qu'il faut aux Français, pour que le retour à l'ordre ne soit déshonoré, je ne dis pas par aucune vengeance, mais même par une justice sévère,* qui ne serait en effet qu'une sévère injustice. Tout le monde ayant besoin d'indulgence, c'est un devoir autant qu'une politique raisonnable, d'être tous disposés à sacrifier nos ressentiments. Ce serait bien ici le cas de dire : « Que celui de nous qui est sans reproche, se lève et jette la première pierre. »

Qu'on ne se trompe pas à mes paroles ; je suis bon-observateur, et je réponds que si les royalistes manquent aujourd'hui d'ensemble et de courage, c'est la faute des circonstances et non la leur. Que la guerre se rallume, et qu'une démarche claire annonce à tous que c'est pour rendre un roi à la France et le repos à l'Europe, que les gouvernements combattent, alors on verra des actes de dévouement et d'héroïsme dont il est maintenant impossible de calculer les suites. Le sang des royalistes, comme celui des martyrs, jettera dans tous les cœurs le désir de marcher sur leurs traces ; chaque jour leur nombre augmentera, on rougira enfin de traîner une existence honteuse pour soi, inutile aux autres ; on mettra son honneur à la sacrifier, et l'enthousiasme de la gloire et de la vertu sera le premier, l'infaillible pronostic de la chute des tyrans.

Je reviens au point d'où je suis parti, et je conclus que la paix étant le salut de la république française et la perte des rois, elle ne se fera pas ; c'est ainsi du moins qu'il est permis de raisonner ; mais si l'expérience démentait encore les raisonnements les plus justes, et que

la paix se fît, je n'en soutiendrais pas moins
que le traité, tel bien rédigé qu'on le suppose,
ne sera point la paix. Encore une fois elle est
impossible. Les rois sont à la république française ce que la république française est aux
rois; c'est-à-dire un sujet continuel de méfiance,
de haine et de guerre. *Point de république ou
point de rois, voilà comment la paix doit un
jour se faire.*

Supposons maintenant que la guerre con-
tinue; rien n'est si facile que d'en prévoir le
résultat.

La première coalition avait un but contraire
à la justice et aux intérêts des rois qui la com-
posaient; elle a découragé les royalistes français, et a été dissipée par l'intrigue et par la
force. Cela devait être.

La république française, dont le but était
encore plus extravagant, a eu tous les succès
qui devaient punir la mauvaise foi des puissances coalisées; mais comme la folie et la
prudence ne peuvent s'allier, en augmentant
son territoire elle a augmenté ses embarras
intérieurs, ses ennemis extérieurs; jamais sa
position ne fut si critique. Cela devait être.

Si la coalition actuelle n'a d'autre projet *que de
ramener la France à sa véritable destination,
elle réussira,* et trouvera sa récompense dans

la sûreté que chaque roi aura lui-même acquise pour ses propres états.

Si au contraire la coalition actuelle *oublie la justice pour se livrer aux rêves de l'ancienne diplomatie, elle succombera.* La république française n'est qu'un instrument dont la Providence se sert pour frapper les ambitieux : que *la bonne foi* et *la raison* conduisent *la force,* et cet instrument sera *brisé,* parce qu'il ne sera plus *nécessaire. Ainsi soit-il!*

L. G. MICHAUD , Imprimeur du Roi , rue des Bons-Enfants , N°. 34.